SALOMON

OU

LA POLITQUE

ROYALE.

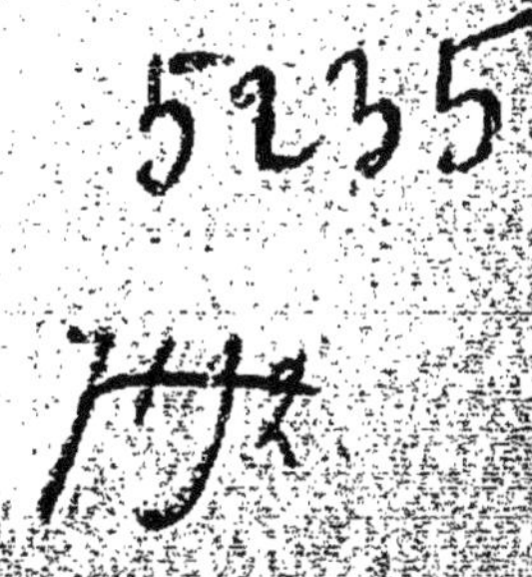

AVIS.

JE continuë d'accomplir, autant que je puis, le Vœu solemnel que j'ay fait d'offrir à Dieu tous les ans un Traité de la Politique Royale, comme les premices de mon esprit, & comme la dixme de mon bien.

Dans le Discours precedent Salomon a fait voir par ses raisons, & par son exemple, que les Roys ont besoin pour la conduite de leurs Royaumes, de la suprème Sagesse qui conduit le monde. Dans celuy-cy il fait une peinture fidelle de la corruption, & de la misere de nostre naissance; des devoirs de la Royauté, de la vicissitude, & de l'inconstance des choses humaines, des chagrins de la Couronne, de la dure & de l'inevitable necessité de mourir. Par ces sages reflections il entre dans la connoissance de soy-mesme. Salomon se souvient toûjours qu'il est Roy; mais il n'oublie jamais qu'il est homme. Grand exemple à ses pareils, pour apprendre la moderation & l'equité qui sont si

ã

neceſſaires à l'affermiſſement des Eſtats !

Le Tableau de la naiſſance, de la vie, & de la vieilleſſe mourante de Salomon, que luy-meſme preſente icy à tous les Grands de la Terre, eſt plein de feu & d'enthouſiaſme, comme eſtant fait de la main d'un Roy Prophete. Les figures qu'il a par tout ſi regulierement placées, & leurs vives expreſſions marquent bien la hardieſſe du pinceau d'un ſi grand Maiſtre : Elles ſont myſterieuſes & ſacrées, & mieux que celles du Peintre Timante, elles parlent plus à l'eſprit qu'aux yeux. Les Intelligents y prendront garde : πνευματικοῖς πνευματικὰ συγκείνοντες.

SALOMON

SALOMON
OU
LA POLITIQVE
ROYALE.

II. DISCOURS.

De la connoissance de soy-mesme.

S I la Monarchie est preferable à toutes les autres formes de Gouvernement, ainsi que les Politiques l'ont decidé ; Je croy que l'on ne s'avance point trop de dire qu'un Roy estant l'ame de son Royaume, la felicité publique dépend de leur parfaite union. Ce monstre à tant de testes, qu'on appelle la multitude, est le maistre

A

abſolu dans les Eſtats populaires : Et dans l'Ariſtocratie meſme , que pluſieurs ont tant eſtimée , la pluralité de ceux qui la compoſent approche de la Democratie , où chaque membre eſt comme diviſé de l'autre , parce qu'à raiſonner juſte , il n'y a point de vray lien uniſſant qui les aſſemble.

Dans l'Eſtat Monarchique , quoy qu'il y ait neceſſairement pluſieurs parties , qui le compoſent , elles ne font neantmoins qu'un Tout acauſe qu'elles font unies enſemble par l'eſprit unique de la Royauté. Cet eſprit les anime , les vivifie , les remuë , & les empeſche de ſe diſſoudre. Ainſi l'homme ne fait qu'un Tout naturel , quelque nombreuſe quantité d'oſſements , de tendons , de muſcles , de nerfs , de veines , & d'arteres qui le foûtiennent , le meuvent , & le nourriſſent ; parce qu'une ſeule ame anime toute la matiere de ſon corps ; parce que ſa ſeule vertu influë inceſſamment dans toutes les fonctions de la vie. Sitoſt qu'elle s'en ſepare , la machine tombe par pieces , qui tirent chacune de leur coſté , & retournent à leurs premiers élemens,

Il en eſt de meſme d'vn peuple qui eſt abandonné de ſon Prince. C'eſt un rayon retranché de ſon aſtre, il faut qu'il periſſe : c'eſt un ruiſſeau coupé de ſa ſource, il faut qu'il ſeche : c'eſt une branche arrachée de ſon tronc; ou plûtoſt toute la maſſe de l'Eſtat n'eſt plus qu'un tronc inutile, qui n'a plus de ſeve ny de vigueur : Il faut qu'il tombe.

Trunco, non viribus efficit umbram.

Cette unité de vie, pour ainſi dire, inſpirée par l'eſprit du gouvernement Royal à la Judée ſous le regne de Salomon, fut long-temps la force, la puiſſance, & la gloire de cette heureuſe Monarchie. Alors ſon Prince rapportant le bien public de l'Eſtat, à la ſource de tous les biens, n'avoit pour modele de ſa conduite, que la ſuprême Sageſſe qui conduit le monde, & qui eſt la Reyne des Roys.

Une ſi divine Maiſtreſſe ſe plaiſoit à donner des leçons à ce grand Diſciple ſans ceſſe attentif à ſa voix. Je vous laiſſe à penſer ſi ce religieux Politiq ie pouvoit faillir, luy qui prenoit toû

jours conseil de Dieu mesme ? Aussi
quel enchaînement de prosperitez con-
tinuelles ι quelle abondance de toutes
choses, quelle tranquillité, & quelle
profonde paix ι quelles benedictions,
& quelles graces du Ciel sur ce Roy
& sur son Royaume ι quelle glorieuse
& convaincante preuve que la felicité
se trouve avec la Pieté éclairée, avec
la Justice & la Raison ι

Qu'on ne s'estonne donc pas si toutes les entreprises de Salomon estoient
heureuses. Ce qui merite que l'on
s'estonne, c'est que sans estre éblouy
des lumieres, & des revelations celestes, encore moins de sa pompe &
de sa magnificence Royale, ce Monarque incomparable, est comme des-
cendu du Ciel en Terre pour entrer en
soy-mesme : C'est que par les mesmes
degrez qu'il estoit monté à la source
adorable de son origine immortelle, il
est venu se rabaisser à la bouë, & à la
lie des élemens dont il estoit composé.
Il a publié de sa bouche, il a écrit de
sa main, qu'il estoit purement homme,
avec ce defaut inseparable de la condition humaine, qu'il ignoroit, & l'œ-

conomie de son corps, & la nature
de son ame. Humiliation surprenante
pour celuy dont les sacrez Oracles ont
prononcé, qu'il connoissoit toutes choses parfaitement depuis le cedre jusqu'à l'hyssope ; Il s'en expliquera bien-
tost plus amplement. Que si j'ose penetrer le fond de son cœur, si j'ose
lire dans sa pensée, je puis dire que
voulant laisser des instructions pour
regner à son fils, comme il les avoit
receuës de son pere, il jugea que cette veritable reflection sur la profonde
ignorance de son ame & de son corps
estoit utile aux Princes pour les défen-
dre de la tentation de l'orgueil sous
qui tant de Philosophes ont succom-
bé : Elle estoit necessaire pour se dire à
luy-mesme, ce qu'on ne dit jamais aux
Monarques sur qui l'on jette tant d'encens de tous costés, qu'on les empesche de se voir. Salomon quitte le
Sceptre & la Couronne pour un temps,
& se dépoüille du Manteau Royal qui
le cachoient à sa propre veuë : Il dé-
tourne les yeux de son Thrône & de
son Palais, il les porte sur ses peuples
non plus comme ses inferieurs, mais
A iij

comme ſes égaux, ſoit à la naiſſance,
ſoit à la mort; Il s'humaniſe, ainſi
qu'on dit, avec les hommes ſes ſem-
blables; Il avoüe qu'en cela il n'a point
de privilege au deſſus d'eux, & que les
ſujets & le Monarque ont eſté égale-
ment conceus dans le regne de la corruption, & dans le ſein des tenebres.

La Grandeur, & principalement
celle de la naiſſance, eſt delicate &
ſuperbe, Elle murmure, elle s'indigne
de l'ordre ſuperieur & indiſpenſable
qui l'aſſujetit aux infirmitez humaines,
Comme elle les diſſimule aux autres
autant qu'elle peut, elle voudroit, s'il
eſtoit poſſible, ſe les diſſimuler à elle-
meſme. Elle ſouhaiteroit de ſe bien per-
ſuader une fois, qu'elle eſt venuë au
monde toute parfaite, comme ces
Dieux de Machine, que l'on fait deſ-
cendre des nuës. Il y en a peu qui pro-
fitent de l'exemple de Salomon, le
plus riche, le plus ſage, le plus autho-
riſé, & le plus majeſtueux des Roys,
Peu font gloire d'avoüer de bonne foy
que tous les hommes n'ont qu'un meſme autheur de leur eſtre, une meſme
origine, une meſme fin. Ne quittons

point ce grand Monarque de veuë, &
quoy que de loin, entre l'espoir & la
crainte, & toûjours avec moins de
hardiesse que de respect, taschons de
profiter à nous, & aux autres, redou-
blons nos premiers efforts, afin de le
suivre à la trace. Il ne fait pas un pas
que dans le chemin de la verité, l'Ange qui le conduit est l'Ange de conseil
& d'intelligence, on ne peut s'égarer
en le suivant. En marchant avec luy
pour fournir ce qui reste à la carriere
de cette vie, & nous avançant à son
terme, representons-nous comment
nous y sommes entrez.

Rapelons ces premiers instants où
la nature imparfaite & à demy formée
ne donne encore qu'une espérance
douteuse de ce qui peut estre un jour.
Quelle confusion pour quiconque pre-
sume d'estre au dessus de l'humanité, &
de la corruption des choses mortelles!
Salomon dont la domination est affer-
mie par de si longues & de si éclatantes prosperitez, ce Prince, l'amour &
l'admiration de son siecle, miraculeu-
sement instruit d'enhaut, & pour tout
dire en un mot, ce Monarque promis,

& donné de Dieu : Salomon encore une fois a bien eü la hardiesse de ne se rien déguiser. Il a bien osé se dire à luy-mesme.

Il ne faut point que je me flatte de la grandeur de mon extraction ; je suis né mortel, comme le reste des hommes. Ma conception n'a esté ny plus pure, ny plus innocente que celle des autres, elle s'est faite dans une entiere alienation de l'esprit, & des sens, & comme dans les transports & les illusions d'un songe par ceux qui m'ont donné la vie sans y penser. Ie l'ay commencée par des cris, & par des gemissements. I'ay esté comme un criminel lié de chaines dans mon enfance, & l'on diroit qu'on m'ait imputé à crime d'avoir regardé le jour. Mais je n'ay pas lieu de m'en plaindre, & tous les Roys de la Terre ne naissent pas autrement. Nemo ex regibus aliud habuit nativitatis initium.

Ah que ce judicieux retour sur soy-mesme, que cette penetrante meditation sur la bassesse, & l'impureté de la conception, & de l'origine de tous les hommes, est capable d'aneantir cet esprit d'orgueil & d'empire, qui dédaigne souvent de commander à ceux

sans la soûmission desquels l'empire &
la souveraineté mesme ne pourroient
pas subsister ! Voila neantmoins ce que
le plus grand des Roys a sincerement
declaré de sa naissance. Il a particulierement exprimé de quelle prison de
la nature, de quel sombre cachot est
sorty cet animal superbe, qui se dit le
Maistre & le Seigneur de tous les autres, qui se vante d'avoir pris les me-
sures de l'immensité du Ciel, de mettre un frein à l'Ocean, de joindre un
continent à l'autre, & d'imposer le
joug à toute la Terre. *Heu dementiam
ab iis initiis existimantium ad superbiam
se genitos !*

Ne passons pas si viste un si bel endroit de la vie de Salomon ; cecy est
plus politique que l'on ne pense. Quel
prodige, ou plûtost quel miracle, Salomon a fait entrer la verité dans le
Cabinet du Prince, a qui l'envie, la
flaterie, la cabale, la dissimulation,
l'interest, le libertinage, & l'impieté
tenoient ordinairement la porte fer-
mée. Salomon n'en demeure pas là.
Ce plus éclairé des Roys vient d'a-
voüer publiquement son ignorance, &

ſon ignorance eſſentielle, puis qu'elle regarde ſon propre eſtre.

Il ne peut concevoir comment vne maſſe d'argile informe, & ſans mouvement, a pû devenir le plus ſuperbe palais de la nature, où l'image de Dieu habite avec les Sciences & les Arts, qui ſont le chef-d'œuvre de la Raiſon. Il ne peut concevoir comment les fondements furent poſez de ce merveilleux edifice, ny comment il s'eſt élevé à un ſi haut comble de perfection, que les plus excellens Peintres, & les meilleurs Architectes en ont emprunté leurs proportions & leurs meſures avec les regles de leur art. Combien de fois Salomon s'eſt-il demandé à luy-meſme, qui ſuis-je, moy qui parle, & qui raiſonne ? ou quel eſprit parle & raiſonne en moy ? Qui fait mouvoir la machine où je ſuis, dont je ne connois point les reſſorts, & qui ſe meuvent pourtant à ma volonté ? Quels Miniſtres inconnus executent mes ordres, quand je veux courir ou me repoſer ? Quelle intelligence cachée démeſle tant d'inſtruments, & d'organes dont je me ſers, & que je ne puis voir ? D'où

vient que mes mains & mes pieds, mes
yeux, mes oreilles & mes sens, répondent si bien à ma pensée ? Comment
puis-je faire entendre à tous les membres de mon corps, les situations differentes, & les diverses postures qu'ils
doivent prendre, les divers mouve-
ments, & les diverses fonctions qu'ils
doivent faire, moy qui ne sçay pas
comment elles se font? Puis-je avoir une
ame sans sçavoir comment elle est unie
à mon corps, & comment elle informe
sa matiere ? Elle n'y est point entrée,
elle n'en sort point à mon choix : Je
n'ay pû la faire venir, & je ne l'a re-
tiens pas à ma phantaisie. Elle-mesme
ne sçait pas ny le temps de sa venuë,
ny celuy de son depart. Elle est intime-
ment presente à mon corps, dont elle
ne connoist ny les defauts ny les mala-
dies, bien loin de les reparer, & de les
guerir. Si elle en a quelque connoissance, c'est une lumiere confuse qui
l'égare autant qu'elle l'a conduit ; ce
n'est ny art, ny science, ce n'est que
soupçon, & que conjecture.

Je n'oserois me demander comment
& par qui s'est fait l'union de ces deux

parties, dont l'une est corruptible, &
l'autre immortelle, l'une terrestre, &
l'autre divine ? Mon ame seroit-elle à
l'égard de mon corps, ce que le centre
est au cercle ? est-elle comme ce point
indivisible, à qui toutes les lignes de
la circonference répondent ? y a-t-il
quelque portion du corps qui soit le
siege de l'ame ? ou cette question est-
elle indigne du Sage, qui doit sçavoir
que les esprits n'ont point d'estenduë,
& qu'ils n'occupent point de lieu ? Je
ne sçay pas, si mon ame de soy est ve-
getante ou sensitive, ou si par un privilege de sa nature celeste, elle est emi-
nemment le principe de la vegetation,
& du sentiment.

Je prie tous les grands Genies qui
veulent apprendre de Salomon l'art de
se connoistre eux-mesmes : Je conjure
les Princes curieux & raisonnables, qui
sont plus souvent avec eux-mesmes,
qu'avec la foule de leurs Courtisans,
de s'examiner sur les questions que Salomon s'est proposées. Je somme les
Politiques de répondre à ce Philoso-
phe couronné. Il leur demande s'il n'a-
voit pas raison d'apeller à la conduite

de son Estat le secours de la Sagesse
divine, desesperant sans elle de pouvoir jamais démesler les importans &
les veritables interests de son Royaume, les desseins de ses Ministres, &
de son Conseil, les pretentions ca-
chées, & les intrigues de ses Princes,
les remedes convenables au salut de
ses peuples ; les aversions & les inclinations secretes d'une multitude inom-
brable, les Cabales du dedans & du
dehors. Pourquoy cela, me direz-vous?
parce que la seule Sagesse de Dieu
passe de l'extremité du monde à l'autre ; que d'une douceur égale à sa puissance infinie, elle conduit tout l'Univers : parce qu'elle sonde les cœurs, &
qu'elle en void les inclinations & les
pensées, parce qu'elle connoist le monde, qui est son ouvrage, parce enfin
que le plus sçavant, & le plus sage des
Roys ne se connoissoit pas luy-mesme. Toutes ces grandes veritez sont
comprises en ces deux lignes de l'Ecclesiaste.

Quomodo ignoras quæ sit via spiritus,
qua ratione compinçantur ossa in ventre
prægnantis, sic nescis opera Dei qui fa-

bricator est omnium. Dieu seul connoist toutes choses, parce qu'il a fait toutes choses. Voicy, peut-estre, la premiere fois que la Philosophie a esté humble, & particulierement la Philosophie des Princes. Celuy des Terres brûlées de l'Occident, qui trouvoit tant à dire à l'arrangement des parties de l'Univers, & qui avoit l'insolence de dire qu'il auroit donné à Dieu de bons avis s'il eust esté present à la creation du Monde : Ce bizarre esprit si plein de luy-mesme, & si bouffi de son sçavoir, n'a point répondu aux questions, qu'un Prince mieux instruit, & plus experimenté que luy s'estoit faites, quoique ce Roy d'Arragon y fut aussi interessé, que pouvoit estre le Roy de Juda.

Nous en avons déja dit la raison, l'un estoit plus instruit, plus modeste, & plus sage que l'autre. L'ignorance de Salomon, (qu'on ne s'éleve point contre moy là dessus :) L'ignorance de Salomon encore une fois n'estoit pas une ignorance presomptueuse, comme est celle des faux Sçavans. Il sçavoit les raisons pourquoy il ne sçavoit pas : Il reveroit les mysteres de la Nature sans les connoistre. Il estoit ravy en extase à l'aspect des merveilles dont il adoroit l'Autheur sans les comprendre ; Apres son extase passée, il s'humilioit devant luy, & se recrioit hautement : La gloire de Dieu est de cacher le secret de ses œuvres ; celle des Roys seroit de les découvrir. *Gloria Dei, celare verbum ; Gloria Regis, investigare sermonem.*

Prov: 25. 2. Heb. Celare verbum, res, opus, loqui Deo, est operari.

Ozerois-je icy mesler ma réconnoissance, & mes pensées, avec la reconnoissance & les pensées de Salomon ? Me sera-t'il permis, à moy qui ne suis que poussiere & que cendre, de glorifier la Divinité à mon tour ? Sous le voile de l'allegorie, qui estoit la figure favorite de Salomon, & des Doctes Orientaux, souffrira-t'on que je represente le mystere de nostre origine.

Aux curieux vergers de la sage nature,
Sans le secours de l'art, sans mains, & sans culture,
Dans les sombres détours d'un aveugle reduit,
Où le flambeau du jour laisse regner la nuit ;
Vne plante divine, vne plante immortelle,
Au moins elle pouvoit autrefois estre telle ;

S'éleve, se nourrit, & profite des soins
Des Astres attentifs à ses moindres besoins.
Saturne & Iupiter luy font prendre racine
Dans un fonds preparé pour la chaste Lucine:
Mercure, & Iupiter tourne de son costé,
Mars luy donne la force, & Venus la beauté.
De crainte d'offenser une plante si belle,
Les flammes & les eaux suspendent leur querelle;
La concorde, & l'amour reglĕt leurs mouvemens,
Et l'union se fait entre les Elemens.
Cette plante a des nerfs, cœur, arteres & veines,
Et le long des canaux de deux vives fontaines
Par le rouge Nectar de leur douce liqueur,
Elle accroist chaque jour sa naissante vigueur.
Quand elle sent le poids qui fait toute sa force,
Elle rompt la prison de sa premiere escorce,
Respire le doux air des Zephirs amoureux,
Et cherche parmy nous un climat plus heureux.
Quelques voiles, Seigneur, qui couvrent ta lu-
    miere,
Tu ne peus te cacher; Ie connois ta maniere;
Et pour bien exalter les œuvres de tes doigts,
Cette plante a pour moy l'usage de la voix.
Ta sagesse se fait des routes inconnuës,
Où nos foibles clartés ne sont point parvenuës,
Et l'on doit avoüer en tout temps, en tout lieu,
Que l'ouvrage de l'homme, est l'ouvrage de Dieu.

  Cette plante mysterieuse que nous venons de décrire un peu enigmatiquement, selon le style des ingenieux Platoniciens, qui apelloient l'homme,
une

une plante renverſée, n'eſt bien connuë que de ſon autheur. Et neantmoins pour bien gouverner les hommes il les faut connoître ; pour les
bien connoître, il faut beaucoup de lumiere, il faut une longue experience.
Le parfait uſage des choſes demande
un grand temps. J'en ay déja dit ce
que je penſois, mais il ne ſe faut point
laſſer de redire ce qui ſert à la gloire
des Princes, & à la felicité des peuples. L'art de regner ſur tant de paſſions diverſes, qui partagent les grands
& les petits, ſur tant de ſentimens contraires qui les diviſent, ſur tant d'opi-
nions oppoſées, a beſoin de l'aſſiſtan-
ce particuliere de celuy qui tient le
cœur des hommes entre ſes mains. Il
n'y a que la Sageſſe infaillible que Salomon prenoit pour ſon Oracle, qui
ſçache penetrer le fond, & la ſubſtan-
ce des choſes, qui les diſtingue les unes
des autres, qui les conduiſe chacune à
leur fin, & de leurs fins particulieres
en faſſe reſulter le bien general du
monde, & ſa propre gloire.

On a beau dire qu'un Monarque,
comme Salomon, n'ignore rien, quoy

B

que ce Monarque ait peu de pareils, la maison d'argile & de bouë où noſtre ame eſt confinée, la mortalité du corps, & la peſanteur de ſes chaînes s'oppoſe au grand vol qu'elle voudroit prendre. Elle peut bien quelquefois quitter la Terre, mais on ſçait que ſon propre poids l'oblige preſque auſſi-toſt à retomber.

Il ne faut point que les Grands ſe flattent, & Salomon ne ſe flattoit pas. Ce Prince ſçavoit bien qu'il eſtoit le Dieu viſible de la Judée, mais il ſçavoit encore mieux que ſa ſcience eſtoit auſſi bornée que ſon pouvoir. Il experimentoit que ſon genie trouvoit preſque par tout des obſtacles, non ſeulement dans la curieuſe recherche des veritez naturelles, mais dans la connoiſſance des mouvemens de ſes peuples, & des intrigues de ſa Cour. Il ſçavoit qu'on ne luy diſoit jamais que la verité, qui luy pouvoit plaire; & que s'il ne s'en rapportoit qu'aux autres, il ſeroit mal averty. A l'exemple de David ſon pere, il loüe & remercie Dieu quelque part, de ce que la main toute-puiſſante qui rompt l'impetuosité des vagues au pied des rochers, calmoit les émotions de son peuple. La multitude est comme une Mer orageuse, & l'on connoît peu les vents qui l'agitent. La region où habite la grandeur, est une region d'éclairs & de foudres; les plus illuminez ne voyent pas toûjours les Demons de l'air qui se mélent avec les orages. Le seul protecteur des Roys en est le maistre.

Il commande aux Demons, il enchaîne les vents.

Il desarme l'air de la foudre.

Dieu seul pare souvent ces grands coups, sous qui toute la puissance des hommes succomberoit. La divine Sagesse à qui rien ne se peut cacher, ouvre aux Princes religieux le sein des abysmes, empesche la tempeste de se former, ou la dissipe quand elle est formée. Cecy a donné lieu à Salomon de dire que tout est ouvert aux yeux du Prince, que les murailles parlent, que les oyseaux du Ciel luy vont redire ce que l'on a pensé contre luy au fond de son cœur, & que la prudence Royale est une espece de Prophetie.

Quelle estoit celle d'un Monarque,
qui ne faisoit jamais rien par hazard,
par emportement, & par caprice : Toutes choses alloient au bien comme d'el-
les-mesmes, par le grand ordre qu'il y
avoit premierement estably, Ainsi que
les parties de la Nature sont tellement
liées ensemble dés l'origine du Monde,
& tellement ajustées par des liens pro-
pres & convenables, qu'il n'y a pas
une d'elles qui ne produisent son effet
en son temps & en sa saison. Le salut
de l'Univers est la supresme loy, laquelle y regne toûjours. On peut dire
de mesme que dans le Royaume de
Salomon, tous les divers ordres du
Peuple, de la Noblesse, des Magistrats,
des Levites & des Pontifes, conspi-
roient chacun selon les obligations de
leur naissance, de leur employ, & de
leur charge à la seureté, au repos, aux
necessitez, à l'honneur & à la gloire de
la Monarchie. Tout y contribuoit à
l'exemple du Prince, qui faisoit toutes
choses à l'exemple de Dieu, & par
l'inspiration de la supresme Sagesse.
Pour bien gouverner son Empire, il
estudioit l'Art divin, pour ainsi parler,

par qui le monde est gouverné, par
qui cette grande machine composée
de tant de pieces differentes, subsiste
si heureusement. Tous les membres
d'un si grand corps font chacun leur
fonction, moins pour leur interest par-
ticulier, que pour le bien general : Delà Salomon conceut la grande idée de
si bien regler ses Estats, que soit en
paix, soit en guerre, chaque Commu-
nauté, chaque Ville, chaque Compa-
gnie, les Artisans, les Juges & les Princes apprissent à si bien tenir leur par-
tie, que personne ne fist un faux ton
dans le grand concert de l'Estat.

Mundum mente gerens similique ab ima-
gine formans.

Salomon ne s'arrestoit pas à la simple speculation, & à la nuë connoissance des Politiques contemplatifs qui
ont toûjours esté, & seront toûjours
en si grand nombre sans employ, &
sans fonction, Il passoit de la contem-
plation à la pratique, & pour fondement de sa Monarchie, il regnoit en
sorte sur la Judée, que Dieu y regnoit
le premier : Israël en ce temps-là estoit
separé de tous les Cultes profanes : Le

peuple honoroit son Roy, & adoroit le Seigneur.

En ce temps-là Salomon renonçoit à l'idolatrie des choses presentes, & pour se conformer à la Sagesse de Dieu, qui n'est qu'esprit & que lumiere, il s'estoit détaché des sens. Il estoit inaccessible à la flatterie & à la corruption de la Cour. Il croyoit que la raison separée de la matiere estoit seule capable de dominer, comme fait la raison celeste, & qu'imitant sa conduite bien-heureuse, il offroit à la Divinité le plus grand Sacrifice qu'il luy pouvoit jamais offrir : *Deum perfecte colit, qui imitatur.* Heureux trois & quatre fois Salomon, qui ne faisoit alors pas un pas, qui ne fust dans les sentiers de la Justice, de l'Immortalité, & de la Gloire : Quelle conduite estoit la sienne, qui n'estoit pas moins utile que specieuse, qui n'estoit pas une vaine idée, mais la consommation, le couronnement, & la veritable fin du parfait gouvernement : Salomon connoissoit les besoins du peuple, & sçavoit y remedier : Il mesloit la magnificence & les delices, avec la severité des

Loix, & l'execution des Ordonnances, Severité juste & raisonnable, qui n'a donné que peu, mais de grands exemples, qui par deux ou trois victimes sacrifiées d'abord au repos & à l'affermissement de l'Empire, par deux ou trois grands coups d'authorité a jetté la terreur dans l'ame de tous les ennemis de l'Estat. La politique de ce grand Prince n'estoit pas pour cela une politique cruelle & sauvage : Elle fit tomber deux ou trois testes pour assurer toutes les autres. Salomon n'estoit pas de ces Princes inflexibles & tout d'une piece, que la pieté ne peut toucher, & qui font gloire d'estre inexorables. Il n'estoit pas de ces Monarques de fer & de bronze qui ne sçavent point plier, de ces Monarques impitoyables qui n'écrivent leurs Ordonnances qu'avec le sang. Sa Politique estoit plus divine qu'humaine, mais elle sçavoit s'humaniser. Ce sage Prince estoit doux & majestueux tout ensemble, & à l'exemple de celuy qui l'avoit placé sur le Thrône, & qui fait sentir l'impression de sa force d'un bout du monde à l'autre sans l'ébranler, & qui employe

B. iiij

moins les tonnerres & les foudres, que
les rosées & les pluyes, Salomon avoit
l'art de faire executer sa volonté sans
violenter celle des autres, tant il s'insi-
nuoit de bonne grace dans les cœurs.
Il prevoyoit les grands evenemens
dans leurs causes par ses lumieres ; il
les prevenoit par adresse, & les empes-
choit de se former quand ils pouvoient
luy estre contraires; quand il les jugeoit
favorables à ses desseins, il sçavoit les
preparer avec industrie. Il ne rompoit
jamais avec éclat, qu'il ne fust assuré
du succés. Alors il montroit son pouvoir à ses ennemis, & leur montroit
apres sa clemence. Il avoit une parfaite connoissance du dedans & du dehors
de son Estat, des inclinations de son
peuple, & des interests de ses Voisins.
Comme l'amour & la gloire sont les
choses que les ames royales desirent le
plus, & que la gloire du Thrône vient
de l'idée que l'on a conceuë de l'excellence & du merite extraordinaire d'un
Prince, les actions éclatantes, & les
ouvrages magnifiques de Salomon,
estoient l'objet & le fondement de sa
renommée. L'amour de ses peuples

venoit de la haute opinion qu'ils s'estoient formée de sa bonté judicieuse, qui sçavoit distinguer si parfaitement entre les foiblesses, & les infirmitez de la Nature, & les crimes déterminez : *Fili in mansuetudine opera tua perfice, & super gloriam hominum diligeris.*

Apres cela peut-on s'estonner que les Politiques ayent decidé que la Monarchie est la forme du gouvernement la plus parfaite, puis qu'elle est si semblable au gouvernement de Dieu mesme ? Peut-on apres la Religion si saintement establie, & le repos de l'Empire si heureusement affermy, douter encore qu'il ne faut qu'un Roy dans l'Estat, comme il n'y a qu'un Soleil au Ciel, & un Dieu dans l'Univers? Mais, dira-t'on, tous les Roys ne sont pas comme Salomon, ce que vous nous dites icy n'est qu'une idée du parfait gouvernement, à la maniere, peut-estre, que le plus éloquent des Romains a fait celle du Prince parfait, en la personne de Cyrus.

On peut dire ce que l'on veut, mais les saints Livres nous aprenēt que tel fut le

regne de Salomon ; & l'on sçait par experience que tel a esté encore celuy des
Princes, dont Salomon est le modelle.

La magnanimité, est l'éclat & la fleur
de toutes les vertus ; la reputation, qui
en est le prix, estoient alors insepara-
bles du royal gouvernement de ce
grand Prince, & comme l'esprit de
Dieu est au dessus de toutes choses, il
faisoit qu'alors Salomon méprisoit en
son cœur tout ce que la Cour ido-
lâtroit, pource qu'il ne trouvoit plus
rien de grand au monde, apres l'idée
qu'il avoit conceuë de son Createur,
Jusques-là, qu'en comparaison de son
incomprehensible Sagesse, il se disoit le
dernier de tous les hommes, luy qui
estoit le premier des Roys. Je ne puis
m'exprimer en nostre langue en des
termes aussi expressifs & aussi humi-
lians que les siens ; Permettez-moy
d'employer celle que l'usage public, &
l'authorité des souverains Pontifes ont
consacrée, & qui tient lieu de l'origi-
nal. Elle le fait parler ainsi : *Stultissimus
sum virorum, & sapientia hominum non
est mecum.* Le grand motif d'une humilité si profonde procedoit de la parfaite

Hebr. bahar
anochi me
Isch. stolidus
præ viro.
Prov. 30.

connoissance que Salomon avoit conceuë de la bassesse de l'homme, & de
la majesté de Dieu. Son Thrône eternel est plus élevé au dessus de celuy des
Souverains, que le Ciel n'est élevé au
dessus de la Terre; Il faut penser la
mesme chose de ses desseins & de ses
mysteres. C'estoit une des raisons im-
portantes de ce prodigieux abaisse-
ment de Salomon. Enfin la reconnoissance des graces receuës, qui est si
propre aux ames genereuses, & la memoire des dons du Ciel dont il avoit
esté comblé dés son enfance, obli-
goient ce Monarque à publier qu'il ne
disoit & ne faisoit rien de merveilleux
que par une assistance superieure. Les
cabales de la Maison royale si heureusement dissipées dés son bas-âge, ses
freres aisnez assujetis à son Empire, son
miraculeux avenement à la Couronne,
la gloire de ses jugemens, dont le mépris & le murmure secret furent bien-
tost changez en une admiration publique; La beauté de son ame & de
son corps, la grandeur & la majesté de
son Empire, sa grande & sa bonne renommée furent bien plus l'effet de la

divine Sageſſe, devant laquelle il s'eſtoit ſi profondement humilié, que l'ouvrage de ſon eſprit & de ſes mains.

Dieu, dit Salomon en quelque endroit, m'a donné une naiſſance heureuſe, & ſa bonté m'a prevenu de ſes dons : *Sortitus eram animam bonam.* C'eſt beaucoup d'eſtre né heureuſement, mais une belle education eſt encore plus; & s'il eſt faux dans l'Aſtrologie, que l'aſcendant d'une Planete à la nativité d'un homme influë ſur tout le cours de ſa vie, il eſt vray dans la Morale, & dans la Politique, que les premieres ſemences de religion & de pieté que les Princes reçoivent en naiſſant, operent, en leur ſaiſon, le bonheur & la felicité de leurs regnes. La Nature ſeule n'acheve rien, il faut de l'art, du ſoin, & de la culture. Qu'on liſe les inſtructions que David a laiſſées à ſon fils, & qui furent veritablement un preſent Royal; Qu'on ſe ſouvienne comment il a eſté nourry par la Reyne ſa Mere, qui fut un miracle de prudence; Qu'on prenne garde qu'il a eſté conduit par le Prophete Nathan, qui eſtoit l'homme de Dieu, & l'on verra que Nathan, Betſabée & David, ont recueilly apres leur mort en la perſonne de Salomon, le fruit de ce qu'ils avoient ſi bien cultivé durant leur vie. Cet Enfant royal a eſté la joye & la gloire de ſa mere, il a eſté la Couronne de ſon Gouverneur. Cette belle nourriture eſtoit une diſpoſition à de grandes choſes, c'eſtoit une ſainte preparation aux dons celeſtes que Salomon a receus depuis ſi abondamment. Ce jeune Prince eſtoit l'objet des vœux & des eſperances publiques, & celuy que les Prophetes avoient appris d'obeïr à Dieu, apprit en ſuite de Dieu meſme à bien commander aux hommes. O Science des Sciences, ô grand Art le Maiſtre des Arts, vous avez eſté le fruit de la pieté d'un jeune Prince, que ſon humilité eleva ſur tous les Roys de ſon temps.

Il n'en pouvoit laiſſer des marques plus convaincantes que l'Eccleſiaſte, qui eſt un dénombrement exact de tous ſes défaux, un tableau de la vanité des grandeurs humaines, une peinture parlante des foibleſſes de tous les Grands, un abregé de tout ce que l'on peut dire

& penſer contre la vanité des Potentats. Tout cela pour conclure, comme
nous l'avons déja fait voir, que non
ſeulement il y a un Roy eternel, un
Roy abſolu, un Roy tout puiſſant &
tout ſage au monde : Mais, qu'à proprement parler, il n'y a qu'un Roy
indépendant : Luy ſeul eſt toûjours ce
qu'il eſt, & ſon regne ne paſſe point,
C'eſt le Tres-haut, le Dieu puiſſant, le
Dieu fort, qui pour donner quelque
veuë à la Terre, de ce qu'il eſt dans le
Ciel, a voulu que les Roys nous fiſſent
entre-voir icy bas certaines ombres de
ſa lumiere & de ſa puiſſance, quand ils
font la bonne & la mauvaiſe fortune
des Nations, quand ils ſont les arbitres
de la Paix & de la Guerre, quand ils
tiennent la vie & la mort des hommes
entre leurs mains, quand ils font juſtice aux orphelins & aux veuves, quand
ils ſe declarent ſi hautement pour les
innocents opprimez, quand ils n'employent leur ſouveraine puiſſance qu'à
faire du bien. Ce qu'ils ont au deſſus
des autres hommes, ce qu'ils ont de
ſemblable à Dieu, c'eſt la ſcience &
le pouvoir de faire des graces ἀυθεμία

μετὰ ἐνπλίαι. Les trouppeaux gras &
nombreux ſont la loüange & la gloire
de ces illuſtres Bergers, & cela arrive
toutes les fois, que ce n'eſt pas tant
l'homme qui commande, que la raiſon.

Alors le Thrône des Roys eſt ſoûte-
nu de la meſme main qui ſoûtient les
colomnes du monde. Ny la furie des
vents, ny la violence des orages, ny les
éclairs, ny les foudres, ne ſont point
capables de l'ébranler. Les Nations
conjurées, & les Potentats ennemis,
ont beau frémir d'indignation, & de
colere, beau eſtre emportez d'envie,
la Couronne demeure ferme ſur la
teſte des Souverains humiliez. Devant
qui humiliez ? devant celuy que le Roy
Salomon invoquoit ſeul à ſon ſecours.
Quel eſt ſon nom, ſi vous le ſçavez ?
Il ne s'appelle ny Cyrus, ny Alexandre, ny Auguſte, ny Ceſar ; *Son nom
eſt le Dieu des Batailles & des Armées.* Il
eſt toûjours ce qu'il eſt, ou plûtoſt,
Il eſt l'Eſtre meſme, l'Eſtre eternel,
l'Eſtre ſubſiſtant, c'eſt le Roy immor-
tel de tous les ſiecles.

CErtainement la meilleure preuve qu'une Monarchie a toûjours le mefme Monarque, c'eſt quãd l'eſprit du gouvernement n'eſt point changé. Que ſi de la memoire de tous les hommes les principaux agens de la Nature agiſ-ſent toûjours de meſme force, s'ils en-trent, comme par une eſpece de con-cert dans les intereſts les uns des au-tres, ſi dans l'Univers la ſucceſſion des jours & des nuits eſt toûjours la meſ-me, ſi ſous la ligne, ſous les poles, & dans les climats temperez, le grand cercle des generations ſe continuë toû-jours de la meſme ſorte, ſi le cours & l'influence des Aſtres, les vertus & le mélange des Elemens n'ont point chan-gé, apres cela n'a-t'on pas ſujet de dire que

Chacun garde ſa foy, pas un ne la trahit,
Et l'Empire du Monde à ſon Prince obeit.

Deprendit tacitis dominantia legibus aſtra,
Et totum æterna mundum ratione moveri.

Il n'en eſt pas de meſme des Monar-ques de la Terre, il y en a neceſſaire-ment pluſieurs, parce qu'un ſeul ne ſuffit pas à la gouverner toûjours, &
toute

toute entiere. Bien loin de regler à la
fois l'ancien & le nouveau Monde, à
peine trouverez-vous un Roy qui fça-
che regler ſes paſſions. La foibleſſe &
l'infirmité eſt inſeparable des Souverains, parce que les Souverains ſont
hommes : Et puis la neceſſité inévitable
qui les force de quiter le Sceptre avec
la vie, change avec eux la forme du
Gouvernement, & ne remet que trop
ſouvent en des mains impuiſſantes, &
peu accoûtumées à regner, un ſi pe-
ſant fardeau, qu'elles ne peuvent pas
le ſoûtenir.

La Politique des Monarchies change ſouvent, parce que de temps en
temps il y a d'autres Roys, d'autres Favoris, d'autres Miniſtres. Quelquefois
par une vaine oſtentation de leur puiſſance, autant que par politique, ils ont
fait de nouveaux Edits, quelquefois
par avarice & par intereſt,

Fixit leges pretio atque refixit.

On change ſouvent la face des choſes en haine, & par mépris de ceux qui
gouvernoient auparavant, ordinairement pour des fins particulieres, rare-
ment pour le bien public. Combien de

C

prudents du siecle, plus courtisans que politiques ont voulu faire la teste seule plus grosse que tout le reste du corps, & de ce qui seroit un monstre en la Nature, ont pretendu faire un miracle dans les Estats. Telle est encore aujourd'huy la domination des barbares, du Turc, & du Grand Mogol. Quelquefois les plus sages ont esté contraints par la necessité de ceder au temps, & d'appliquer, selon les maux, des remedes ou plus violents, ou plus doux. Ces maux peuvent estre si grands, & devenir si publics, qu'on ne peut plus le dissimuler. Enfin selon les changemens divers, soit de Religion, soit d'Estat, & selon les diverses formes de Gouvernement qui s'introduisent tour à tour, par exemple, sous les Roys, sous les Consuls, sous les Decemvirs, sous les Empereurs, la premiere Republique du monde a souvent changé de face. Raporteray-je icy ce que l'on a experimenté tant de fois? Quoy que l'on publie de ces Conseils eternels, où preside la Politique la plus rafinée, on ne peut pas empescher qu'à la fin la revolution n'arrive, & que

les plus grands Royaumes ne tombent
entre les mains d'une femme & d'un
enfant. Alors un Eſtat ſouffre diverſes
agitations:

> *Tantoſt la nef vagabonde*
> *Briſe contre les Rochers;*
> *Tantoſt ſes hardis nochers*
> *Maiſtriſent le vent, & l'onde.*

Quelque forme de Gouvernement que
ce ſoit a ainſi ſon commencement, ſon
progrés, & ſa fin : Elle ſe change ordinairement en ſon contraire. Mais à l'é-
gard de l'Univers, les Aſtres qui preſi-
dent à la nuit & au jour , & qui ſont
les Miniſtres de la Providence eternelle, ſont toûjours les meſmes :

> *Toûjours meſme Soleil, & toûjours meſ-*
> *me Lune*
> *Font leur cours de meſme façon.*

On peut dire que le Ciel a toûjours eu,
& aura toûjours ces deux témoins irre-
prochables, qui dépoſeront eternellement que la conduite de Dieu n'eſt pas
capable de changer. Cette Monarchie
de l'Univers , laquelle eſt veritablement univerſelle , & où la Divinité
preſide indépendamment de la violence & de la corruption des ſiecles , va

toûjours son mesme train , & a toûjours les mesmes bornes. Tout le Glo-
be de la Mer & de la Terre pris ensemble, n'est jamais ny plus grand ny plus
petit ; Et par une juste compensation,
malgré tant d'inondations & tant d'in-
cendies, il regagne d'un costé ce qu'il
a perdu de l'autre , & demeure toûjours le mesme. O merveille adorable
de la Providence ! les parties du monde se conservent par leur propre perte,
& se reparent par leurs ruïnes. Certes
quand quelque societé que ce soit subsiste toûjours d'une mesme force , n'a-
t'on pas sujet de croire que l'esprit qui
la gouverne n'a point changé ? Il n'en
a pas esté ainsi de la Monarchie des
Assyriens & des Perses, celle des Grecs
& des Romains n'a rien de pareil au
gouvernement de l'Univers. Rome, la
maistresse du Monde , est tantost sous
la puissance d'un Monarque , tantost
sous la direction de ses Magistrats,
quelquefois les Tribuns du peuple en
font les Maistres , & quelquefois les
Dictateurs. Les Grecs , ainsi que les
Latins, ont passé de l'Empire d'un seul
sous l'authorité de plusieurs, soit des

plus gens de bien, soit des plus riches, & il est arrivé qu'apres eux la populace a gouverné.

La fortune prend son vol, & sans vouloir s'arrester non pas mesme au Capitole & dans la Ville eternelle, cette fortune passe du Levant au Couchant, & du Septentrion au Midy. Elle se joüe comme il luy plaist des Sceptres & des Diadèmes, & change partout la face du Monde. La Ville capitale de l'Asie, la grande & superbe Troye,

Cet ouvrage des mains divines
Qui portoit son orgueil aux celestes flambeaux,
De ses Palais si grands, de ses Temples si beaux,
N'a sceu garder que les vieilles ruïnes,
Et de ses derniers Roys n'a plus que les Tombeaux.

Voila comme tout ce que les hommes idolâtrent n'est à proprement parler qu'une belle illusion. Thrônes, Palais, Empires, Richesses, Grandeurs, Monarchies, ne sont que de beaux meteores qui disparoissent en paroissant. Les cendres des Cyrus & des Alexandres sont aujourd'huy confuses avec la poussiere de leurs sepulchres, si toutefois la poussiere de leurs sepulchres n'a

point esté le jouet des vents ; Enfin ce
que les enfans font de leurs Chasteaux
de carte , la fortune le fait des plus
grands Estats.

Il faut parler plus religieusement, &
plus veritablement tout ensemble. La
volonté de Dieu , à qui rien ne peut
eschaper , employe les passions dont
les Dieux de la Terre se font des Ido-
les pour les soûmettre à ses Loix , pour
les armer contre eux-mesmes , pour
châtier les Nations : διὸς δ' ἐτελείετο βουλή.
La colere, la vengeance, l'avarice , la
crainte, & le desespoir ; la haine , l'envie , la volupté , l'amour & l'ambition
qui dominent tour à tour sur tous les
Maistres du monde ; leurs soupçons,
leurs défiances , leurs jalousies d'Estat
font les Ministres de sa Justice. Quand
les puissances du siecle pensent faire
executer leurs ordres, elles executent
les ordres du Ciel ; Ces ordres sont
tels , que toute la force , & toute la
prudence de la terre, n'en peuvent re-
tarder l'execution : *Non est sapientia,
non est prudentia contra Dominum :* Voila
ce que Salomon reconnoist du regne
de Dieu à la difference des autres. Ces

hommes de Theatre qui n'estudient jamais ce qu'ils sont, & s'estudient toûjours à paroistre ce qu'ils ne sont pas, ces pretendus dominateurs des Nations, ces Solymans & ces Bajazets, qui se font nommer aussi ridiculement qu'orgueilleusement, les lions couronnez au Thrône du monde, ces Chefs de la loy Musulmare, qui appellent leur porte Imperiale, *le Nid du bonheur*, sont autant de fléches dans la main de Dieu qui frapent leur but sans le connoistre.

Les Grecs avoient donc autrefois raison de mander aux Opuntiens, espouventez de ces prodigieuses armées, qui faisoient un pont sur la mer pour passer d'Asie en Europe, qui perçoient de part en part le Mont Athos, & qui tarissoient les rivieres, Ils avoient, dis-je bien raison de leur escrire.

Sçachez que Xerces n'est pas un Dieu qui porte la guerre dans la Grece. Ce fils du Soleil, ce grand, ce riche, ce puissant Xerces n'est qu'un homme, qui vient de passer l'Helespont. Tous ces Conquerants inquiets, qui pretendent changer la fortune des Nations, sont eux-mesmes sujets à la fortune, avec cette cruelle difference pour eux, que la grandeur de leurs disgraces se mesure par la grandeur de leur domination, & de leur naissance. Les succés ne répondent pas toûjours à leurs esperances ambitieuses, ils sont mortels comme les autres, & il n'y a point de mortel qui ne se trompe. Quand les hommes se proposent des entreprises qui n'ont ny raison ny apparence, Dieu se retire d'avec eux, comme s'il apprehendoit d'estre complice de leurs mauvais evenemens, il resiste à leurs desseins, & ne peut consentir à leurs deliberations insensées.

La France se souvient encore de ce Roy barbare, qui vint d'Espagne dans l'Aquitaine avec des chaînes de fer comme à une conqueste assurée. Il ne se promettoit pas moins de trois cens soixante mille combatans qu'il commandoit, que la conqueste des Gaules, par la mort ou par l'esclavage de tous les Chrestiens : Abderame, ce pretendu Conquerant s'appelloit ainsi, ne laissa de ses forces prodigieuses, que la memoire de leur honte & de leur carnage ; tant il est vray que Dieu transfere les Sceptres d'une main à l'autre

comme bon luy semble, & qu'il est le
Maistre des Potentats. Il ne luy faut
point lever de troupes pour les com-
batre, & pour les détruire. Une pluye
de trois sepmaines ruine tous leurs
equipages, fait pourrir tous les grains
& toutes leurs munitions ; un mois
d'excessive chaleur brûle tous les fou-
rages , & fait secher des troupes de
soif & de faim ; une maladie d'armée,
une peste, une dyssenterie ruine tout.
Enfin on se peut souvenir de ces rebel-
les Monarques des Egyptiens , deses-
perez & vaincus par des grenoüilles &
des moucherons. On se peut souvenir
de ces trois cens mille combatants , à
qui des souris en une nuit rongerent la
corde de leurs arcs , & les desarmerent.

Ah ! si les Roys impies, qui preten-
doient se faire adorer à la place du vray
Dieu, si ces monstres de l'Empire Ro-
main, qui posoient leur teste sur la sta-
tuë de Jupiter, avoient fait sur leur
origine & sur leur naissance, sur la revolution des Estats & des Empires, qui
ont leur fatalité comme les hommes,
les reflexions que Salomon avoit faites, ils ne seroient pas peris miserable-

ment avec leurs vanitez insuportables,
ils ne seroient pas comptez aujour-
d'huy entre les prodiges & les monstres,
qui ont des-honnoré l'Empire & la
Royauté. Ils auroient attiré la bene-
diction sur leurs personnes & sur leurs
Estats , ils auroient assuré leur souve-
raine puissance , & la tranquillité publique : la memoire de leurs siecles ser-
viroit d'instruction aux siecles suivans,
& au lieu d'estre appellé les fleaux de
Dieu , & les pestes de la Republique,
on les appelleroit encore aujourd'huy
l'amour , & les delices du genre humain.   Ainsi le sage Salomon est pre-
sentement regardé de toute la Terre,
apres une si longue suitte de siecles ;
Et les maximes qu'il a laissées regnent encore dans le Conseil des sages
Princes.

C'estoit une Ordonnance inviola-
ble du Ciel publiée de Dieu mesme,
& annoncée de sa part par ses Prophetes au Roy d'Israël, d'avoir toûjours la
Loy divine devant leurs yeux , de la
faire escrire sur la porte de leur Cabinet , & au frontispice des Maisons
Royales , afin de ne l'oublier jamais,

& de l'imprimer dans leur cœur , &
dans celuy de leurs sujets. On obligeoit
Saül & David à consulter les monumens sacrez de l'Antiquité, & les me-
moires des Prophetes qui composoient
l'Histoire sainte. Salomon n'avoit garde de se dispenser d'un devoir si necessaire, il s'en servoit comme d'un re-
mede specifique contre la flatterie, &
la corruption de la Cour. Ces Histo-
riens fidelles luy disoient ce que ses
Courtisans n'osoient luy dire , ils l'as-
sistoient encore apres leur mort , soit
en paix , soit en guerre ; ils luy don-
noient de sinceres & de veritables avis:
Ils luy apprenoient que pour estre toûjours victorieux comme David , comme Samson & comme Josué , il faloit
toûjours recourir au Dieu des Forts, au
Dieu des Combats & des Batailles : Ils
luy en mettoient les preuves en main,
qu'il ne pouvoit pas ignorer. Salomon
possedoit les Terres & les pays des
Nations que la Justice du Ciel avoit
exterminées , acause de l'iniquité de
leurs premiers possesseurs. La sanglan-
te catastrophe des Princes d'Egypte,
ensevelis dans les abysmes de la mer

des Roseaux, luy estoit toûjours presente, & toûjours renouvellée par les
chants de Triomphe de l'Eternel. Il se
promenoit souvent sur les bords de
cette mer fameuse par le naufrage des
Egyptiens, & plus rouge de son sang
que du sable de ses rivages, & des
rayons du Soleil. C'est bien plus, Il
avoit chez luy un exemple domestique
du Sceptre transferé de la maison de
Saül en la maison de David son pere,
pour une simple desobeïssance. Salomon ne pouvoit oublier que David
mesme avoit esté poursuivy par l'Ange exterminateur, le glaive en une
main, & la peste en l'autre, quoy
que ce terrible Ministre du Seigneur
eust déja sacrifié à sa vengeance soixante & dix mille hommes en un ma-
tin. Ces Images funestes que la lectu-
re des Livres saints retraçoit chaque
jour en son ame, obligeoient Salomon à confesser hautement, ce que
les sages Payens ont confessé apres
luy, que

Sur tous les Souverains un Souverain preside,
Dont le Sceptre eternel les maîtrise toûjours.
Ou si vous le trouvez mieux ainsi,

A leurs peuples foûmis les Roys font redoutables,
Et le Maiftre du monde eft redoutable aux Roys.

C'eft celuy qui fans exageration & fans flaterie, eft veritablement l'autheur de la paix & de la guerre ; C'eft celuy qui trouble la mer tranquile, & qui appaife les flots irritez.

Il n'eft pas difficile d'exciter des orages dans un Eftat, mais il n'eft pas toûjours facile de les calmer. On détruit bien plus aifément que l'on n'edifie; on peut ruiner en un jour ce qui a efté l'ouvrage de beaucoup de fiecles.

Adjoûtez à cela que Salomon avoit reconnu par l'experience du Roy fon pere, & par la fienne mefme, qu'un Prince n'eft non plus maiftre des feditions populaires, qu'il eft le maiftre des vents. L'efprit des tempeftes ne fe calme pas quand on veut ; & il n'y a point d'Empire fi bien fondé qu'il ne s'ébranle, s'il arrive une fois que la revolte des fujets, & la guerre des Eftrangers, confpirent enfemble avec les divifions de la famille Royale. Quoy que s'imaginent les ennemis du genre humain, que *l'on ne perit jamais pour eftre méchant, mais pour ne l'eftre pas affez, &*

que les moindres crimes font effacez par de plus grands, comme difoit cette Reyne adultere, & defefperée. Les exemples des Caligules, & des Nerons, n'ont-ils pas convaincu toute la Terre, que les maximes les plus tyranniques , & les plus impies , ne les ont pû dérober à la juftice du Ciel ? *Neque falvabit impietas impium.*

C'eft ce que Salomon a publique-ment reconnu ; Salomon qui remarque fi bien dans l'Ecclefiafte, que la fageffe & la fouveraine puiffance ne font pas toûjours infeparables ; Salomon qui croit que la force & la violence ne peuvent eftre long-temps heureufes. Il prefere un jeune homme pauvre & fage, à un vieux Prince infenfé , qui s'abandonne au prefent, & ne prevoid point l'avenir. La raifon eft fondée fur l'experience, contre laquelle il ne faut jamais difputer. *On a veu*, ce dit Salo-mon, *des efclaves rompre leurs chaines, & monter de la prifon fur le Thrône.* L'exem-ple de Jofeph eft convaincant là def-fus : Et l'on a veus de Roys precipitez du Thrône dans la prifon, témoin le dernier fucceffeur du grand Alexandre.

JUsques icy le sage successeur de David, dont j'essaye de penetrer les pensées, a fait des reflections generales sur la naissance & sur les accidents de la vie que les Roys ont communs avec le reste des hommes. Voicy des considerations particulieres sur ce qui les touche de plus prés : Il va mettre au jour ce qu'ils sentent dans le fond de l'ame, & dont ils ont peu de confidents. Salomon se montre icy tout entier, il se découvre à nud, & ne dissimule rien des soupçons & des craintes qui le persecutent. Par où commenceray-je, & par où pourray-je finir ? Sa premiere défiance est contre le presomptif heritier de sa Couronne, elle est contre son propre fils. Je ne sçay quels soupçons injurieux à la nature, & funestes au repos de sa vie, s'élevent dans l'ame de ce vieux Prince. Diray-je ses cruelles jalousies ? diray-je ses vaines terreurs ? Entreray-je dans le cœur de ce Monarque pour voir son sang brouillé avec son sang, ses entrailles revoltées contre ses entrailles ? Presteray-je l'oreille aux plaintes qu'il

fait de la legereté & de l'inconstance
des peuples, qui adorent toûjours le
Soleil levant ; qui font toûjours des
vœux sans raison pour l'élevation de
ceux qu'ils ne connoissent pas encore.
La pluspart s'imaginent que l'inno-
cence de l'âge ne sera point capable
d'injustice & de violence, & que la
prudence ne veut pas que l'on ex-
cite aucun trouble dans la minori-
té du Prince. Les hommes ordinairement s'épuisent en souhaits inutiles, &
les personnes malheureuses, de qui le
nombre est si grand, pensent toûjours
qu'elles changeront de fortune en
changeant de maistre,

Mitissima sors est

Regnorum sub Rege novo.
La multitude insensée aime la nouveauté, pour la nouveauté ; elle se
plaist aux changements de scene, elle
se lasse mesme d'estre heureuse. Et puis
le peuple void dans ces petits Princes
destinez un jour à l'empire, les rayons
de la Majesté Royale temperez par
je ne sçay quelles ombres de la foi-
blesse de leur âge. C'est une lumiere
naissante qui réjoüit les yeux, & ne

les

les éblouït pas encore , chacun cherche dans les traits de leur visage des
signes d'un heureux avenir , & comme
l'esperance est naturellement credule,
chacun croit les y rencontrer. Nostre
ame est ingenieuse à se tromper dans
les choses qu'elle souhaite ; outre que
ces illustres enfans sont d'autant plus
agreables , qu'ils n'ont rien qui les
fasse craindre ; Ils regnent dans les
cœurs , parce qu'ils ne regnent pas encore dans l'Estat. La Majesté des
grands Roys inspire ordinairement
plus de respect que de tendresse ; &
ce respect mesme est vne espece de Religion , laquelle interieurement ne se
raporte pas tant à leurs personnes qu'à
la divinité qu'ils representent. On revere les traits de sa grandeur & de sa
gloire sur le front de ceux ausquels
Dieu a communiqué sa toute-puissan-
ce. Ils ont beau descendre iusques à
nous , on n'oseroit s'élever iusques à
eux , & quoy qu'ils soient les peres &
les protecteurs des peuples , ils n'en
sont pas moins les Maistres & les Souverains. Ce qu'il y a d'humanité en
eux se cache , pour ainsi dire , sous le

D

Monarque, leurs faveurs, & leurs graces mesmes, ne sont point sans une crainte respectueuse que la Royauté porte avec elle.

On est mesme plus indulgent à la premiere jeunesse, qu'à un âge plus avancé; on loüe, on admire tout ce qu'elle dit, & tout ce qu'elle fait; ses bonnes inclinations passent pour des demy vertus, on croit que ce sont des semences qui profiteront du benefice du temps, & de la culture.

Cela neantmoins, comme le remarque Salomon, ne reüssit pas toûjours; le peuple qui souhaite un jeune Roy sur le Thrône, ne s'en réjoüira pas long-temps: *Populi qui postea futuri sunt non lætabuntur in eo.* Cette puissance qui n'a esté donnée du Ciel que pour faire du bien aux hommes, ne suit pas toû-jours sa premiere institution. L'esprit corrompu du siecle en altere bien-tost la pureté.

A peine un Prince vient à naistre, qu'avec luy naissent mille flateurs qui ne luy parlent que de sa future grandeur, qui remplissent cette ame tendre de pensées d'orgueil, de luxe, de faste,

de pouvoir abfolu, d'Empire, & de Ma-
jefté. On ne l'entretient que de la
gloire de fes Anceftres, on luy infpire
le mépris de tout ce qui n'eft point né
dans la pourpre. Il n'a pas encore l'âge
de raifon, qu'on tafche d'en obfcurcir
la lumiere, & de ne luy donner que des
impreffions conformes aux preten fions
que l'on a fur luy : Chacun le regarde
comme fa proye, & comme l'idole de
fon intereft. Une troupe de femmes,
vaines, aváres, & voluptueufes, l'en-
vironne d'abord pour en faire un jour
leur conquefte, & mener en triomphe
le prefomptif heritier de la Couronne.
Dans une fi flateufe penfée, il n'y a
point de complaifance qu'elles ne té-
moignent ; point d'applaudiffements
qu'elles ne donnent : Tout ce que fait,
tout ce que dit le jeune Prince, n'eft
que merveille, n'eft que miracle.

Salomon n'avoit que trop de fujet de
craindre d'un fils auffi mal né que le
fien, ce que les corrupteurs de la jeuneffe des Princes font capables de leur
infpirer. Cet unique fucceffeur de fes
Eftats n'eftoit pas moins prefomptueux
qu'ignorant : Il s'imaginoit quelque,

fois que la sagesse de Salomon estoit
celle de Roboam , & que la gloire des
actions immortelles du pere apparte-
noit à son fils : Il pensoit avoir rendu
ses jugements , & remporté ses victoi-
res. Les jalousies , dont nous avons
parlé , n'estoient donc pas trop mal
fondées. Salomon dans le panchant de
son âge, n'avoit pas tort de craindre, luy
qui sembloit n'estre né que pour les
belles connoissances, pour les delices,
& pour les plaisirs , ce que le Roy son
pere , si guerrier & si victorieux , avoit
souffert de ses enfans. Absalon & Ado-
nias conspirerent l'un apres l'autre
contre l'autheur de leur vie , & de leur
fortune, & ny la veneration de son au-
guste vieillesse , ny la memoire de ses
triomphes , ny l'Onction sacrée de la
Royauté , ny le don de predire , ny la
saincteté de sa vie , ne les empescherent
pas de vouloir confondre en un mesme
jour la feste de leur Couronnement
avec sa mort & ses funerailles. Pitoyable condition des peres , & principalement des peres souverains, quand l'avi-
dité de la domination étouffe en leurs
descendans tous les sentimens de la

Nature ; l'ambition profane & facri-
lege ne trouve rien de faint, ny d'in-
violable. Les noms de pere & de fils
periffent en ces fatales rencontres,
quelque fidele amy, quelque homme
de Dieu, quelque Saint, quelque Prophete que ce foit, quiconque retarde
un Prince injufte & ambitieux de monter au Thrône, n'eft plus que fon en-
nemy. Ce n'eft pas proprement une
paffion, c'eft une furie qui agite ce
parricide. Il intrigue, il cabale, il pro-
met, il menace, & l'intereft, qui eft
le grand mobile de la Cour, remuë
l'une apres l'autre toutes les paffions
des plus Grands & des plus petits. Le
fouverain Sacrificateur facrifie à cette
Idole jufques dans le Sanctuaire du
Dieu vivant. Joab, le General des armées de David, & comme on pourroit dire fon Conneftable, débauche
jufqu'aux Gardes de la perfonne facrée
de fon Roy, & les oblige d'entrer
dans la confpiration de fon jeune
Maiftre. Dans le comble des honneurs
& de la gloire, fon avare & ambitieu-
fe vieilleffe eft tentée jufques à l'infidelité, & jufques à la haute trahifon.

Apres cela, que peut-on croire de l'impatience precipitée que les enfans ont de regner ? Que peut-on esperer de cette ambition effrenée, qui ne peut se resoudre d'attendre ce qui est sur le point de luy arriver ? Qu'est-ce que l'on ne peut croire de cét orgueil indomptable, qui n'a point de goust pour la succession legitime, ny pour tout ce qui est permis ; qui aime à changer son patrimoine en conqueste, & dont la passion dominante, est de prendre, & d'enlever par force, & non de recevoir en son temps ce qui s'offre déja de soy-mesme ? Quel pitoyable estat est celuy de Salomon, si à l'âge de quatre-vingts ans il craint les entreprises de son fils contre son Estat, & contre sa vie ! Ambitieuse jalousie du Gouvernement, que tu es à redouter ! Tu passes du soupçon à la défiance, & de l'indignation au desespoir. Ah que l'erreur est déplorable du Prince, qui sur un fondement aussi mal assuré qu'est ordinairement la fidelité des hommes, establit la seureté de ses vieux jours ! Il devroit avoir appris par les exemples de mille siecles, que la

force & le salut de l'Empire. n'appar-
tiennent, ny au Sceptre, ny au Diadême, mais à la protection du Ciel, & à
la vertu. N'exagerons point ce qui est
du dernier desespoir pour un Roy, comme Salomon, consommé en l'art de
regner, ny ce qui a pû donner lieu de
croire à plusieurs, *Qué tout est entrainé
par la destinée*; C'est que les mesmes
moyens que les plus éclairez Politiques employent pour éviter les malheurs qui les menacent, sont ceux-là
mesmes qui les y precipitent ordinairement.

O Regum ignaræ mentes, cæcæque futuri!

Tant il semble qu'une puissance in-
connuë & fatale à toute la prudence
humaine, prend plaisir à se joüer des
plus sages conseils, & des entreprises les
mieux concertées. Ainsi tous les arti-
fices & toutes les violences de Saül luy
furent funestes, & au lieu de perdre
David, ne servirent qu'à l'élever sur le
Thrône : Ainsi Alexandre d'Epire,
oncle maternel du grand Alexandre,
trouva la ville de Pandosie, & la rivie-
re d'Acheron dans l'Italie, qu'il fuyoit
dans son pays. Il y a mille autres exem-

D iiij

ples semblables. On en pourroit mesme remarquer dans toutes les grandes familles, car qu'est-ce une grande famille, qu'un petit Royaume?

Voicy comme sans trop marquer les choses & à la maniere d'un vieux Courtisan, qui fait plus penser qu'il n'exprime, Salomon laisse à deviner ses soupçons & ses défiances sur l'imprudence des peuples, qui presument toûjours des merveilles des successeurs de leurs Roys. *Vidi cunctos viventes qui ambulant sub sole cum adolescente secundo qui consurget pro eo.*

A peine ce trop penetrant Monarque est-il guery d'une si cruelle maladie, qu'il se fait un autre tourment. Il se défie, & l'euenement a justifié sa défiance; il se défie de la conduite de son fils qui avoit alors quarante ans. Il doute qu'il soit capable de soûtenir apres luy l'honneur du Diadême, & de porter le faix de l'Empire. A la verité il ne nomme pas Roboam, mais il est aisé de le reconnoistre.

Eccl. c. 2. v. 4.

J'ay, disoit Salomon, excellé aux arts de la paix & de la guerre; j'ay eleué de somptueux edifices, en des lieux

deferts, où il n'y avoit jamais eu que
des abyfmes & des rochers. Avec de
longs travaux, & une dépenfe incroya-
ble, j'ay forcé la nature de ceder à
l'art, j'ay fait venir les eaux du Liban,
jufques dans mes parcs, & dans mes
vergers. Quand j'ay trouvé de mes fujets avec de l'efprit & du genie, je leur
ay fourny dequoy s'inftruire en toutes
les parties du monde, où les beaux arts
floriffoient pour embellir ma Ville Capitale de tout ce qui peut faire le plaifir
des yeux & les delices de l'efprit. J'ay
attiré de toutes parts les plus excellens maiftres de quelque profeffion que
ce fuft, pour confacrer un Temple au
Dieu de mes peres. Là ce feroit bâtir
honteufement, de ny employer que le
marbre, & le porphire, tant l'or y bril-
le de tous les coftez, tant cette fainte
maifon éclatte par le feu des pierreries.
Ce Temple eft encore aujourd'huy re-
veré de tous les peuples de la Terre. Ce
Temple a excité l'admiration de tous
les Roys. Et parce que la Juftice & la
Pieté font les deux colomnes des Empires, j'ay fait premierement éclater ma
magnificence par le Temple de l'Eter-

nel, sçachant bien que le Roy du Ciel
doit estre servy avant les Roys de la
Terre : Celuy qui pervertira cet ordre
n'entendra jamais bien l'art de regner.

Tel a esté le premier employ de mes
richesses, qui venoient de l'Espargne,
& des Conquestes du Roy mon Pere,
& non pas de la dépredation du Peuple, & de la dépoüille de ses Sujets.
J'ay esté le plus riche Prince qui fut
jamais ; & quand on a dit que sous
mon regne l'or & l'argent estoient aussi
communs que les pierres, ce n'estoit
pas une hyperbole pour agrandir les
choses, ou pour diminuer la valeur d'un
métal si precieux : C'estoit pour marquer l'abondance de tous les biens dont
j'ay comblé mes Provinces par les Ma-
nufactures, par les Plans, & par le Commerce. Enfin je n'ay pas arraché mes
tresors des Minieres, où la Nature les
avoit comme ensevelis, pour les reca-
cher au sein de la Terre, ou dans mes
coffres : Bien loin de les renfermer sous
la clef, j'ay tout ouvert, & les ay mis
en évidence, pour la gloire de Dieu,
& pour la décoration de Jerusalem.
Jerusalem, qui es une Ville enchantée,

la Mere, & la Reyne, ainſi que le modele, de toutes les Villes du monde,
on pourroit dire qu'il y a mille ave-
nuës, & mille portes pour entrer dans
ton enceinte, & pas une pour en ſortir:
Tant le charme eſt puiſſant qui arreſte
tous ceux qui te voyent. Magnifiques
Palais, Parcs toûjours verds, Jardins
toûjours fleuris, grands & ſpacieux Canaux, admirables Jets d'eau, ſuperbes
Aqueducs, Grottes fraîches & delicieu-
ſes, claires & vives Fontaines, Forêts de
Cedres, longs promenoirs, belles allées,
palliſſades de Jaſmin, bois de Myr-
thes & d'Orangers, le moyen de vous
quitter. Ainſi je puis dire que ce que
j'ay reçeu d'une main, je l'ay répandu
de l'autre; & ſi j'ay fait quelque reſer-
ve ç'a eſté pour la ſeureté & pour la
deffenſe de mon Royaume; ç'a eſté
pour donner de la crainte, & de la terreur aux Ennemis de l'Eſtat : car je
n'en eus jamais d'autres que les ſiens.

Aprés ces monumens eternels de ma
Royale magnificence, voicy ceux de
ma Sageſſe. J'ay reformé les abus de la
Juſtice, & les deſordres des Tribunaux:
J'ay porté mon authorité ſi haut, ſoit
au dedans, ſoit au dehors de mon Em-

pire, que j'ay imprimé la crainte & le respect dans le cœur de mes Voisins, & des Nations les plus éloignées. Je suis toûjours puissamment armé sans faire la guerre, mais une guerre déclarée auroit peut-estre agreé davantage à la jalousie de mes Voisins, & à l'inquietude des mécontens, qu'une paix si triomphante & si redoutable. Que si j'ay achevé de détruire ce qui restoit de Cananeens depuis le Mont-Liban, jusqu'à la ville d'Aimath; Je n'ay esté en cela que l'instrument de la vengeance Divine sur des Nations infidelles & abominables, dont les Provinces avoient esté promises à mes Peres. Au reste, j'ay toûjours esté pacifique pour accomplir glorieusement des predictions presque aussi anciennes que le Monde, des Oracles saints & sacrez qui publient depuis la naissance des siecles, qu'un Prince de Paix, dont je suis l'image vivante, doit venir un jour reconcilier le Ciel avec la Terre, & se rendre le Pacificateur des Nations. J'ay équipé des Flotes nombreuses sur l'une & sur l'autre Mer, & joint par une nouvelle societé les deux Continents de l'Univers, où j'ay fait adorer le vray Dieu, Tharsis & Ophir ont remply mon Espargne des richesses de plus d'un monde : Ma reputation a esté encore plus loin que mes vaisseaux, des extremités de la Terre, où le Soleil se leve & se couche, j'ay receu les hommages des Souverains.

Les Reynes sont venuës me trouver avec toute la pompe & la magnificence de l'Ethiopie, avec tout l'or, & tous les parfums de l'Arabie heureuse, avec tous les baûmes & les plantes aromatiques du Midy. Au milieu de tant d'honneurs, & de gloire, dans le sein de la prosperité, & de la grandeur, un soin cruel me devore, & ne me laisse point de repos. Chose étrange ! on m'appelle par excellence le Roy pacifique, & lors que je donne la paix par tout ailleurs, je ne l'ay point dans mon Palais, ny au dedans de moy-mesme ; Telle & si violente est l'agitation où je suis, sur la conduite que tiendra mon successeur. Il sera l'heritier de mon Royaume, mais si les apparences ne me trompent, & en cela je serois heureux d'estre trompé, il ne le sera pas, ny de

ma fageſſe , ny de mon bon-heur.
Quand je penſe à ſes mauvaiſes inclinations , & j'y penſe preſque toûjours :
Ie deteſte toutes mes peines paſſées , je ſuis
geſné par le ſouvenir de tous les travaux
que j'ay pris. Roboam eſt homme à
perdre en un jour, ce que j'ay acquis
en toute ma vie, il profitera, ſi toutefois il en profite, de toutes mes
ſueurs, & de toutes mes fatigues, ſans
m'en ſçavoir gré. O Dieu, eſt-il rien de
plus cruel , que d'avoir travaillé pen-
dant un auſſi long regne que le mien,
pour un prodigue, pour un ſtupide, ou
pour un ingrat, qui jouïra de mes la-
beurs , ſans le reconnoiſtre. Il com-
mencera peut-eſtre à regner par le mépris de tous mes conſeils , il rompra
toutes les alliances que j'ay ſi religieu-
ſement entretenuës, il abandonnera le
ſoin de mes Armées de Terre & de
Mer, comme eſtant à charge à l'Eſtat,
& ce que je crains le plus, parce qu'il
eſt comme inévitable , il preferera les
emportemens & la fougue des jeunes
foux de ſa Cour, aux ſages, & aux fideles
avis de mes anciens ſerviteurs. Enfin il
aura tous les défaux de ſon pere, &
pas une de ſes vertus.

O Palestine ! Terre de promission, Terre où coulent le lait & le miel, autrefois si obeïssante à tes Roys, & si soûmise au Dieu de tes peres, comment as-tu laissé ravir le plus beau fleuron de ta Couronne ? Comment as-tu preferé un rebelle, un usurpateur, un idolâtre, au petit fils de David , & à ton Roy legitime ? O Royaume d'Israël, Royaume divisé, que ta desolation est proche, ô que les faux Dieux de Samarie t'attireront de maledictions & de malheurs ! Je voy les sages vieillards dans la consternation & dans le silence ; Il n'y a que de jeunes insensez , & des artisans de mensonge , qui soient dans le Conseil de mon fils. Au lieu de la justice & de l'equité , il n'y appelle que l'injustice & la violence ; Il ne consulte que la chair , & le sang , la voix de Dieu n'y est point escoutée : On n'y observe plus ses saintes Loix. O Temple sacré , ou repose l'Arche de l'alliance de l'Eternel , ton Autel est comme rompu, il est mis en pieces par le Schisme qui le divise ; dix Tributs en sont deja separées, & ce qui reste du peuple fidele dans la ville de Sion, ne

reſte que pour attirer le mépris & l'i-
gnominie des Nations, ſur l'impruden-
te poſterité de David.

Salomon prédiſoit ces deſolations
futures, ou plûtoſt il les regardoit comme preſentes, parce que Dieu les luy
avoit revelées par ſes Prophetes.
Grand ſujet à ce vieux Monarque de
s'humilier devant la divine Majeſté!
Grande raiſon de reconnoiſtre ſes
fautes paſſées! Il ſçavoit que le Ciel
punit l'iniquité des peres en la perſonne de leurs enfans, Il ſçavoit qu'il
étend ainſi ſa juſte vengeance ſur les
hommes, au delà meſme de leur vie.

Enfin pour ne ſe pas laiſſer ſurpren-
dre aux fauſſes maximes du ſiecle, qui
veulent que tout ſoit permis au plus
fort, & que la volonté du Prince ſoit
la ſouveraine Loy, Salomon repaſſe en
l'amertume de ſon ame ſur les beaux
jours de ſon regne, qu'il eſt preſt de
laiſſer avec la vie, & dont il eſt obligé
de rendre compte au Roy des Roys,
duquel il n'a eſté que le Miniſtre.

On void dans l'Eccleſiaſte, que la
ſalutaire penſée de la mort luy re-
vient eternellement à l'eſprit. Il recon-
noiſt

noiſt que la plus longue vie eſt courte
& mauvaiſe au jugement de ceux-là
meſmes, qui l'ont paſſée dans les delices. Les ſentimens aigus de douleur,
que la Volupté laiſſe apres elle, la foibleſſe, la défaillance d'une vieilleſſe
avancée par les excés du plaiſir, la
honte, le dégouſt, & le repentir de
toutes les voluptez criminelles, la crainte du trépas, & celle des jugémens Di-
vins, banniſſent du cœur de Salomon
repentant toutes les vaines Images de
magnificence & de pompe, tous les
charmes de ces biens faux & fugitifs,
qu'il faut enfin abandonner par leur
corruption, ou par la noſtre. La deſ-
cription de la vieilleſſe tombante, que
cét éloquent Prince a ſi vivement,
quoy qu'enigmatiquement exprimée
à la fin de ſon Eccleſiaſte, juſtifie
puiſſamment tout ce que je viens d'a-
vancer, un iour viendra que j'eyſſaye-
ray d'en déveloper les Myſteres. Pour
le preſent, il eſt plus à propos ſelon
mon ſujet, de vous dire, que ce qui
touche encore plus l'ame de ce Prince mourant, que ne fait pas tout le
reſte, C'eſt que tous les avantages de

E

l'efprit fe perdent avec ceux de la fortune, C'eft que le docte & l'ignorant ont une mefme deftinée : C'eft que la fcience & la fageffe, n'ont point de privilege contre la mort. Ajoûteray-je le defefpoir des grands Monarques, qui forment d'ordinaire de grands deffeins ? C'eft que les entreprifes les mieux conceuës, les mieux conduites, les plus avancées, s'évanoüiffent au dernier moment de la vie, avec toutes les paffions. L'amour, la joye, la hayne, l'envie, l'ambition, le defir de conferver & d'accroiftre, la reputation, la gloire, & la renommée, tout cela eft pour les vivans, & ne touche plus les morts. Le Sepulchre eft une region de filence, & d'oubly, d'affoupiffement & de tenebres, ou la puiffance a les mains liées, ou la prudence a les yeux fermez, ou la fortune, l'éloquence, le fçavoir, la beauté, la jeuneffe, la grandeur, & l'empire, ne font plus que des noms, & des titres vains.

Diray-je que Salomon décend tout vivant dans le tombeau, afin de reconnoiftre mieux la vanité des chofes humaines ? Il confidere le temps infi-

ny, qui a devancé sa naissance, lors
qu'il estoit encore dans le neant, Il
considere le temps infiny, qui doit
suivre son trépas : Ce qui est entre
deux, luy paroist si peu de chose, si
changeant, si incertain, si hazardeux,
si perissable, qu'à l'égard de l'eternité,
cela ne distingue personne. Qu'icy les
ambitieux donnent tréve à leurs
avides esperances, que les avares & les
timides se défassent de leurs inutiles
frayeurs, Apres que l'on est sorty du
monde, il n'y a plus rien à esperer,
ny à craindre sous le Soleil. Puissances
de la Terre, ménagez bien tous les
moments de vostre vie, profitez des
avantages, que vous donnent vostre
vertu, vostre force, vostre authorité,
vostre reputation, & vostre prudence,
employez utilement les dons de la
nature & de la grace, tandis que le
jour vous luit encore, une nuit eternelle luy doit bien-tost succeder, ou
vous ne pourrez plus rien entrepren-
dre pour vostre salut, ny pour celuy
de vos peuples. On ne remonte point
de dessous la terre, pour voir ce qui
s'y passe apres son trépas. *Quodcunque*

facere poteſt manus tua inſtanter operare ;
quia nec opus, nec ratio, nec ſapientia,
nec ſcientia, erunt apud inferos quò tu
properas.

On ſçait qu'une race de Roys ſuc-
cede à l'autre, laquelle eſt bien-toſt
ſuivie d'une troiſiéme. Maintenant un
Acteur, & puis un autre jouë ſon per-
ſonnage ſur le grand Theatre du monde, les paſſions y regnent tour à tour
en la perſonne des Rois Medes, &
des Roys Aſſyriens, mais enfin, un
chien vivant vaut mieux que tous ces
lions morts. La memoire des anciens
regnes eſt effacée, celle du regne preſent s'effacera tout de meſme, il n'y
a rien au monde d'imperiſſable, puiſ-
que le monde meſme doit perir. Je l'ay
déja dit pluſieurs fois, mais pourrois-
je mieux faire que d'abandonner mon
ame à la joye de le redire toûjours,
la ſeule Sageſſe divine renouvelle toutes choſes, & demeure toûjours la
meſme. C'eſt ſous les pieds de ſon
Throne, que roulent les ſiecles & les
ſaiſons ; comme elle n'a point eu de
commencement, elle n'aura jamais de
fin. Ce qu'on appelle, temps, natu-

re, fortune, fatalité, prend la loy d'elle, ou plûtoft elle eft elle-mefme la loy eternelle & immuable, & ce qu'on appelle nature deftinée, fatalité, fortune, & temps, font les divers miniftres de fes volontez, felon la diverfe condition des chofes qu'elle a faites, & qu'elle conduit. Au deffus du Ciel des Cieux, où elle regne, rien ne fe fait de nouveau, rien ne paffe, rien ne perit. C'eft-là qu'eft proprement l'eftre dominant, l'eftre fubfiftant de foy, l'eftre immuable. C'eft-là que la vraye fageffe infeparable de la fuprême puiffance, appelle les chofes qui ne font point encore, comme fi veritablement elles eftoient déja formées, & le neant répond à fa voix. C'eft delà qu'elle éclaire les Eftoiles, la Lune & le Soleil : C'eft delà qu'elle illumine les Roys, & qu'elle a guidé Salomon.

Quoy que des efprits chagrins ayent douté de la converfion de ce Monarque, contre la conftante tradition des Hebreux : C'eft delà que la Sageffe pure & fans tache, a rompu les liens honteux qui l'attachoient à la chair, & au sang, & que pour le rendre capable des celestes veritez, elle luy a efficacement revelé, que la Sapience divine n'habite pas dans une ame impure. On n'a qu'à lire ce que Salomon dans ses derniers Ouvrages a écrit, contre le libertinage des sens, & contre leurs douceurs empoisonnées, pour estre plainement convaincu, qu'enfin la parole de Dieu a esté accomplie, par laquelle il avoit promis à David, de n'abandonner jamais son fils. Quand la voix des Propheres l'eut reveillé du long sommeil, où sa morale, sa gloire, sa politique & sa religion, avoient esté si long-temps ensevelies : Quand il eut rompu les chaînes de la volupté brutale: quand il fut une fois bien persuadé, que la Royauté & la servitude ne pouvoient compâtir ensemble, il adora la divine Sagesse, qui avoit levé le voile de ses yeux, il s'humilia devant elle, & protesta publiquement qu'il s'estoit déthrôné luy-mesme, par une si indigne sujetion, & que loin d'estre le parfait modele & l'exemple des Roys, il avoit manqué à la raison commune à tout le reſte des hommes. *Stultiſſimus ſum virorum & ſapientia hominum non eſt mecum.* C'eſt ce que vous voyez dans tout ſon Livre de l'Eccleſiaſte. Il ne rejette point la cauſe des deſordres de ſa vie, ou ſur la fatalité des Eſtoiles, ou ſur l'abandonnement des ſecours du Ciel; Il confeſſe que luy ſeul eſt l'autheur de ſes diſgraces, & l'artiſan de ſes malheurs. Il avoüe qu'il eſt en cela plus coupable, que ny les lumieres, ny le courage, ny l'experience, ny le bon ſens, ny la puiſſance, ny la liberté, ne luy manquoient point. O foibleſſe humaine, que tu es grande! des yeux éclairez qui voyent, & penetrent tous hors de ſoy, ſont aveugles pour eux-meſmes, mais tel eſt le défaut des choſes creées, tel eſt le déplorable aveuglement de la nature qui tombe, & ſe precipite d'elle-meſme à l'inſtant que la main de Dieu a ceſſé de la ſoûtenir.

Salomon s'eſtoit long-temps regardé, comme un Monarque indépendant, il ſe regarde aujourd'uy, comme n'ayant autrefois eſté qu'une maſſe informe dans le ſein de la mere, qui

l'a enfanté, comme un enfant qui
estoit abandonné à la derniere misere, si on l'eust abandonné à luy mesme, comme un jeune Prince qui ignoroit l'art de regner, à moins d'une mi-
raculeuse & extraordinaire assistance;
comme un homme tellement esclave
de ses passions insensées, qu'il avoit
long-temps servy de pierre d'achope-
ment au peuple de Dieu, & de scan-
dale à tout Israël. Enfin comme un
homme mortel, & comme un homme
prest à mourir. Pour s'humilier davantage devant cette Majesté eternelle,
qui resiste aux superbes, & qui fait
grace aux Roys repentans, il fait comme une Confession generale, & une
penitence publique dans l'Ecclesiaste.
Il décrit tous les chagrins, tous les
soupçons, & toutes les défiances de la
vieillesse preste à tomber. Toutes les
pointes de jalousie qui percent le cœur
des Souverains à la veuë de leurs successeurs, ont déja percé le sien. Il
descend tout vivant dans cette region
de tenebres, qui est le regne & la
possession de la mort, il s'enferme,
pour ainsi dire, dans le tombeau, où il

doit estre mis avec son pere. De ce
funeste écueil ou toute la grandeur,
la puissance, & la gloire de l'Empire
échoüe inévitablement, Salomon
tourne la teste du costé de son Palais, de sa maison du Liban, & du
Temple de Dieu, auquel il demande
pardon de son idolâtrie. Enfin il jette un regard mourant sur les Sceptre
qu'il va quiter, & qu'il n'a plus la
force de soûtenir. Ah que le triste
estat, où il est reduit, luy fait bien
porter la peine de ses longues prosperitez. Ah que sa misere presente est
insupportable dans le cruel souvenir
de sa felicité passée.

Longi pœnas fortuna favoris
Exigit à misero, fatisque prioribus urget.

Tout le monde a admiré la pompe, &
la magnificence de Salomon, les plus
politiques ont regardé la prosperité de
son regne, comme une chose enchantée; mais les vrays sages ont admiré sa conversion & sa repentance.
Sa repentance seule est capable de faire passer à la posterité une fidelle image de sa gloire, sa repentance seule
est capable de luy assurer l'immorta-

lité. Je le dis, & ie ne crains point de
le redire: La derniere douleur de ce
Prince ne fut ny lâche, ny defespe-
rée; Elle fut fage & religieufe, comme devoit eftre celle d'un Monarque
fidelle, qui alloit remettre fon ame
entre les mains de la divine Sageffe,
qu'il avoit dés fon enfance preferée à
tout le refte, qui luy alloit remettre
le depoft de la Royauté & de la vie.
Ces chers, ces precieux moments où
il ne faifoit de vœux que pour elle,
revinrent en fon fouvenir, & occu-
perent plus que jamais toutes fes pen-
fées. Il eut honte d'avoir brûlé de
tant de flammes impures, & d'avoir
profané fon cœur par tant de feux
eftrangers.

Que fi une infidelité comme la fienne a pû eftre reparée par un auffi vif
& auffi perçant remords, que celuy
qui le rendit à la premiere beauté
dont les autres font defcenduës, fi le
decry qu'il a fait au milieu de la Cité
fainte, de tous fes funeftes engage-
mens, a expié fes fautes paffées, s'il a
accufé fon peché publiquement, & fi
une confeffion fi publique, & d'un

aussi grand Monarque que Salomon, est une penitence consommée, si son dernier soûpir a esté un soûpir de douleur, & d'amour pour la divine beauté, que sous le nom de la Sagesse il a tant de fois & si magnifiquement representée, pourquoy ce Prince est-il encore iugé comme coupable, puisque le Ciel le justifie, puisque l'Eglise de Dieu, l'Oracle & la Colomne de verité a consacré ses ouvrages?

Ah qu'heureux auroit esté le Genre humain, si toutes les puissances de la Terre eussent alors assisté au merveilleux spectacle de Salomon Predicateur, de Salomon le Docteur des Princes! Que s'il n'appartient qu'aux Roys d'instruire les Roys, qu'eux-mesmes eussent esté heureux d'apprendre par la bouche d'un si grand Monarque, Que les dominateurs de la Terre sont des hommes establis de Dieu pour rendre justice à tous les autres, & pour estre eux-mesmes jugez sur la justice qu'ils auront renduë. *Et scito quod pro omnibus his adducet te Deus in judicium.*

Quand il pleut, & qu'il fait Soleil,

il se forme un amas de gouttes d'eau,
qui comme une infinité de petits glo-
bes de cryftal fe renvoyent les rayons
les unes aux autres, & qui comme
autant de miroirs multiplient la lumiere à l'infiny : Il en eft de mefme de la
fageffe de Salomon, par l'éclat & la
fplendeur de fes reflections politiques.
Dans la fainte difpofition où nous
avons laiffé ce grand Prince, on ne
peut pas douter qu'il ne fuft trop fage
pour s'entefter de la vaine puiffance
qui l'abandonnoit, & qui mefme au
plus haut point de fa grandeur refi-
doit toute entiere dans les mains d'au-
truy. Non, non, quoy que des Criti-
ques trop feveres ayent voulu dire, le
fage Salomon a finy fon regne ainfi
qu'il l'avoit commencé, Je veux dire,
par une entiere foûmiffion à la Sageffe
infinie, qui luy avoit mis le Sceptre en
main. Quelle apparence qu'un jeune
Roy, dans les premiers bouillons du
fang, & dans la premiere ardeur de la
jeuneffe, fe foit uniquement confeillé
à elle comme à fon efpoufe, comme
à fa fœur, comme à fa fidelle & à fa
parfaite amie, & que dans fon âge

panchant il ne luy ait pas renouvellé
ſes anciens homages, ſon adoration,
& ſes vœux ? C'eſtoit en s'abaiſſant
ainſi devant elle, qu'il s'eſtoit glo-
rieuſement eſlevé au deſſus de tous ſes
pareils; C'eſt ſur le grand modelle que
la Sapience luy avoit tracé dans le gouvernement de l'Univers, que Salomon a
rendu ſon regne l'exemple de tous les
regnes heureux.

Voila ce que la divine Sageſſe a fait
pour Salomon, Voicy ce que Salomon
a fait pour la divine Sageſſe. Peut-on
mieux reverer cette premiere cauſe des
cauſes, que ce Monarque la revere ?
Peut-on mieux annoncer ſa gloire ?
du milieu de Sion juſques aux extre-
mitez de la terre, ce Royal, ce divin, cet
incomparable Orateur a publié ; *Que
tous les biens ſont aſſemblez autour de la
Sageſſe eternelle.* Quels biens, me direz-
vous ? *La Force, la Vertu, la Puiſſance,
la Gloire, la Principauté, & l'Empire;
La Science, la Vie, l'Immortalité bien-
heureuſe, la Iuſtice, la Miſericorde, la
Raiſon, & la Verité.*

C'a eſté aux pieds de ſon Thrône
adorable, fondé ſur l'Eternité, que

Salomon a posé sa Couronne & son Sceptre, apres luy avoir consacré le plus magnifique, & le plus saint de tous les Temples.

Cette parfaite reconnoissance, ce culte suprême que Salomon rendit à la Sagesse sa bien-faictrice, comme à la Reyne de tous les siecles, ce religieux commerce de prieres & d'encens d'une part, de graces & de benedictions de l'autre, cette societé sacrée entre Dieu & l'homme, est ce qu'on appelle Religion. Ce sera le sujet du Discours suivant, auquel celuy-cy nous prepare.

9 782019 307226